HAGADÁ DE PÊSSACH
JUDAÍSMO HUMANISTA SECULAR

Organização:
Yuval Eliab ben Avraham

2022

FICHA CATALOGRÁFICA

Y95: Yuval Eliab ben Avraham
Hagadá de Pêssach – Judaísmo Humanista Secular, 17 pág
ISBN: 978.65.87878.62-1
Assunto: Tradição Judaica
Ano e Cidade de Publicação: Olinda – PE, 2022
CDU: 296

Sobre a Obra

Esta Hagadá de pêssach é baseada, na sua estrutura nos textos tradicionais do judaísmo talmúdico, com uma leitura alternativa para judeus seculares que buscam vivenciar sua tradição e cultura sem o viés religioso, sendo por tanto uma leitura renovada da Hagadá. Pêssach é sem dúvida a primeira revolução social registrada da humanidade, onde escravos se revoltam contra seus opressores. Pêssach se tornará o símbolo das lutas sociais e políticas de todos os tempos, se incorporará nos gritos de liberdade dos oprimidos que sentiram a aflição da fome e da miséria, e não é por acaso que a Hagadá de Pêssach começa com estas palavras: "Este é o pão da aflição que nossos ancestrais comeram no Egito. Deixe que todos os famintos venham e comam".

Oficiante: *Reunimo-nos esta noite por muitas razões. Estamos aqui porque a primavera está por toda parte, a Terra renasce e é um bom momento para comemorar com a família e amigos. Estamos aqui porque somos judeus e amigos de judeus. Estamos aqui para homenagear profundas raízes da nação judaica e sua história.*

Participantes*: Estamos aqui para relembrar a velha história da libertação dos antigos hebreus da escravidão no Egito – uma grande luta pela liberdade e dignidade. Estamos aqui porque a luta pela humanidade e a liberdade nunca para. Estamos aqui para lembrar de todas as pessoas – Judeus e não-judeus – que ainda lutam por sua liberdade.*

Cantemos

Hinei mah tov umah naim
Shevet achim gam yachad.
Hinei mah tov umah naim
Shevet achim gam yachad.

הנה מה־טוב ומה־נעים שבת
אחים גם יחד

Quão bom e agradável é que irmãos vivam em união!

Oficiante*: A celebração do pêssach representa o perene renascimento e sobrevivência do povo judeu e do mundo da natureza. A luz dessas velas simboliza uma renovação de vida, uma reafirmação de liberdade. Ao acendermos as velas do* *pêssach, celebramos a luz da liberdade que ilumina nossas vidas.*

Baruch haor ba-olam.
Baruch haor ba-adam.
Baruch haor be-pesach.

ברוך האור בעולם
ברוך האור באדם
ברוך האור בפסח

Preciosa é a luz da liberdade no mundo.
Preciosa é a luz dentro de cada um de nós.
Preciosa é a luz de Pêssach.

A primeira taça de vinho

Ergamos nossas taças para significar nossa gratidão pela vida e pela alegria de conhecer o crescimento interior, que dá sentido à vida humana.

N'vareykh et Eyn Hahayim matzmihat p'ri hagefen.

Vamos abençoar a Fonte da Vida que
amadurece o fruto na videira.

Cantemos:

Heiveinu shalom aleichem
Heiveinu shalom aleichem
Heiveinu shalom aleichem
Heiveinu shalom shalom
shalom aleichem

הֵבֵאנוּ שָׁלוֹם עֲלֵיכֶם

Nós trazemos-lhe paz

Lavagem das mãos

Tizkor nafshi et k'dushat haguf bintilat yadáyim	**תזכר נפשי את קדשת הגוף בנטילת ידים**

Lavando as mãos, evoco a santidade do corpo

Traz-se para a mesa "maror" (raiz amarga – costuma-se usar alface) e outro tipo de verdura, matsá e "charôsset", acompanhados de dois tipos de carne: um, em memória do sacrifício "pêssach", e outro em memória do sacrifício "chagigá".

N'vareykh et Eyn Hahayim matzmihat p'ri haadamá.

Vamos abençoar a Fonte da Vida que amadurece o fruto da terra.

Toma-se da verdura (não do "maror"), mergulha na "charôsset" e come dele um "kezáit".

***Oficiante**: Esta noite, nos reunimos em torno da mesa do Sêder para recontar a jornada dos antigos israelitas da escravidão à liberdade. A história deles começou com um despertar: como ensina nossa tradição, Moisés viu a sarça ardente e reconheceu que foi chamado para libertar seu povo do Egito. Nossa jornada também começa com um despertar. Que esta primeira taça de vinho desperte cada um de nós para a injustiça que persiste em nosso mundo hoje. Que* *reconheçamos nossa própria capacidade de fazer a diferença e nos empenhemos na construção de um mundo melhor.*

O Pêssach é a celebração da Vida. A história do povo judeu é verdadeiramente um triunfo da vida. Contra as probabilidades da história, o povo judeu fez mais do que sobreviver, nós nos adaptamos criativamente a cada novo tempo. Durante os muitos séculos da experiência judaica, memórias de destruição são temperadas pelo conhecimento de que o mundo também pode ser bom. Os nossos antepassados viajaram pela Terra em busca da segurança e da liberdade que eles sabiam que deviam existir.

Participantes: *Aprendemos a suportar. Aprendemos a progredir. Somos orgulhosos sobreviventes.*

Oficiante: *No Sêder de Pêssach, a própria festa é simbólica. Os alimentos especiais e as formas especiais de comê-los carregam um significado além do usual. Quais são esses significados? Começamos fazendo as perguntas apropriadas.*

MA NISHTANÁ HA-LÁILA HA-ZÊ MIKÔL HA-LELÔT, SHEBEKHÔL HA-LELÔT EN ÁNU MATBILIM AFILU PA`AM ACHAT, VEHA-LÁILA HAZÊ SHETÊ PE`AMIM?

מַה נִשְׁתַּנָּה הַלַּיְלָה הַזֶּה, מִכָּל הַלֵּילוֹת? שֶׁבְּכָל הַלֵּילוֹת, אֵין אָנוּ מַטְבִּילִין אֲפִלּוּ פַּעַם אַחַת; וְהַלַּיְלָה הַזֶּה, שְׁתֵּי פְּעָמִים

SHEBEKHÔL HA-LELÔT ÁNU OKH'LIM CHAMETS UMATSÁ, VEHALÁILA HA-ZÊ KULÔ MATSÁ? SHEBEKHOL HA-LELÔT ÁNU OKH'LIM SHEAR YERAQÔT, VEHA-LÁILA HA-ZÊ, MERORIM? SHEBEKHOL HA-LELÔT ÁNU OKH'LIM BEN YOSHVIN, BEN MESSUBIN, VEHA-LÁILA HA-ZÊ KULÁNU MESSUBIN?

שֶׁבְּכָל הַלֵּילוֹת, אָנוּ אוֹכְלִים חָמֵץ וּמַצָּה; וְהַלַּיְלָה הַזֶּה, כֻּלּוֹ מַצָּה. שֶׁבְּכָל הַלֵּילוֹת, אָנוּ אוֹכְלִים שְׁאָר יְרָקוֹת; וְהַלַּיְלָה הַזֶּה, מְרוֹרִים. שֶׁבְּכָל הַלֵּילוֹת, אָנוּ אוֹכְלִין בֵּין יוֹשְׁבִין וּבֵין מְסֻבִּין; וְהַלַּיְלָה הַזֶּה, כֻּלָּנוּ מְסֻבִּין

Por que esta noite é diferente de todas as outras noites?

Em todas as outras noites comemos pão ou matzá. Por que nesta noite comemos apenas matzá? Em todas as outras noites comemos todos os tipos de ervas. Por que nesta noite comemos apenas ervas amargas? Em todas as outras noites, não mergulhamos nossa comida nem uma vez. Por que nesta noite mergulhamos duas vezes? Em todas as outras noites, comemos sentados ou recostados. Por que nesta noite todos nós nos inclinamos?

Nesta noite, somos lembrados de nosso legado como descendentes de escravos. Temos uma responsabilidade diferente: devemos proteger o estrangeiro porque fomos

estrangeiros na terra do Egito. Então, vamos adicionar uma quinta pergunta ao Sêder. Perguntemo-nos:

Como podemos tornar este ano diferente de todos os outros anos?

Este ano, vamos nos comprometer novamente com nossa responsabilidade de proteger o estrangeiro, o pobre e o vulnerável. Ao saborear a matzá, o pão da aflição, encontremos maneiras de ajudar os pobres e os famintos. Ao comer o maror, as ervas amargas, vamos nos comprometer a ajudar aqueles cujas vidas estão amarguradas por discriminação, perseguição e ódio. Ao reclinar-se em comemoração à nossa liberdade, busquemos oportunidades para ajudar aqueles que ainda estão hoje oprimidos.

MAGUID

***Oficiante**: A história da primeira busca dos judeus pela liberdade da escravidão no Egito foi escrita há tanto tempo que ninguém sabe o quanto é fato e quanto é ficção. Como todas as boas histórias, no entanto, as lições que ensina são válidos e importantes.*

Está escrito que há muito tempo, durante um período de fome, os antigos israelitas viajaram para o Egito. Segundo esta lenda, os israelitas naquela época eram todos uma única família – Ya'acov e seus filhos. Um dos fillhos o Yossef, cuja sabedoria causou com o que o Faraó – o torna-se governante sobre todo o povo do Egito.

Mas com o passar do tempo, outro faraó se tornou o governante do Egito. Ele não se lembrava de Yossef e seus sábios, este novo faraó transformou os israelitas em escravos, e sobrecarregou-os com trabalho pesado e tristeza. Depois que os israelitas estiveram no Egito por mais de 400 anos, um homem (Moshé) surgiu entre eles. Ele exigiu que o Faraó deixasse seu povo ir embora. Muitas vezes arriscou a vida para insistir na liberdade de seus irmãos até que ele finalmente conseguiu.

Em nosso Sêder de Páscoa, celebramos a história de Moshé e o povo que ele libertou da escravidão há 3.000 anos. Celebramos a luta de todas as pessoas para serem livres. Ao longo dos séculos, a história de Moshé e o êxodo do Egito inspirou judeus e não-judeus em tempos de perseguição e sofrimento.

***Participantes**: A liberdade que celebramos esta noite não é apenas a liberdade de escravidão. É também a liberdade de viver em paz, com dignidade e com esperança de um futuro brilhante. Esta visão constante inspirou o Povo judeu desde os tempos antigos registrados no Tanach. Esta noite, enquanto celebramos esta [nossa] liberdade, vamos notemos as lutas pela liberdade em muitas outras partes do mundo. Vamos celebrar todas essas lutas com nossa liberdade.*

***Oficiante:** Esta* noite bebemos quatro copos do fruto da videira. Existem muitas explicações para esse costume. Disseram os Sábios: Os quatro cantos da terra, pois a liberdade deve viver em todos os lugares; As quatro estações do ano, pois o ciclo da liberdade deve durar por todas as temporadas; ou as quatro matriarcas: Sarah, Rivíka, Leah e Rachel.

Um copo cheio de vinho simboliza a felicidade completa. O triunfo de Pêssach é diminuído pelo sacrifício de muitas vidas quando dez pragas atingiram o povo do Egito segundo a narrativa da nossa tradição. Dentro na história antiga, as pragas que se abateram sobre os egípcios resultaram das decisões dos tiranos, mas o maior sofrimento ocorreu entre aqueles que não tiveram outra escolha a não ser seguir. É apropriado que lamentemos a perda de suas vidas e expressemos nossa tristeza por seu sofrimento. Pois, como judeus e como humanistas, não podemos nos alegrar com o sofrimento de outros. Portanto, vamos diminuir o vinho em nossos copos como lembrança das dez pragas que se abateram sobre o povo egípcio.[1]

Participantes: *No mesmo espírito, a nossa celebração de hoje é também sombreada por nossa consciência de contínua tristeza e opressão em todas as partes do mundo. Pragas antigas são espelhadas em modernas tragédias. O destino de todo judeu está ligado ao destino do povo judeu. E o destino do povo judeu não pode ser separado do destino de toda a humanidade. Não podemos ser totalmente judeus a menos que reconheçamos que também somos totalmente humanos. Nós não podemos nos alegrar quando alguém sofre desnecessariamente, mesmos nossos inimigos que tentariam nos destruir. Mesmo quando celebramos nossa vitória do Êxodo, lamentamos a perda dos egípcios.*

1 ***Derrama-se um pouco do vinho numa tigela.***

Não podemos nos permitir beber um plena medida, uma vez que nossas próprias vidas são sóbrias por esses males, que escurecem nossas vidas e diminuem nossa alegria. Como a dor dos outros diminui nossas alegrias, diminuamos mais uma vez o vinho de nossa festa enquanto repetimos os nomes dessas pragas modernas:

Todos juntos:

Fome, Guerra, Crime,
Doença, Racismo, Abuso,
Pobreza, Homofobia, Poluição,
Indiferença ao sofrimento humano.

Segunda Taça de vinho

A LUTA PELA LIBERDADE HUMANA

Oficiante: *A segunda taça de vinho é dedicada não só as lutas do povo judeu, mas para todas as pessoas que buscam uma vida livre de medo e perseguição. Em particular, que os israelenses e os palestinos venham para desfrutar da liberdade e da paz. Pois, como o profeta Yeshayahu disse:*

Participantes: *"Eles converterão suas espadas em arados e suas lanças em ganchos de poda. Nação não levantará espada contra nação, eles nunca mais conhecerão a guerra. Mas eles se sentarão cada um debaixo de suas vinhas e figueiras, e ninguém os fará ter medo."*

Erguer o copo de vinho e diz.

N'vareykh et Eyn Hahayim matzmihat p'ri hagefen.

Vamos abençoar a Fonte da Vida que amadurece o fruto na videira.

Cantemos:

Hareni mekabel alai et mitzvat havoreh veahavta lereacha kamocha reacha kamocha	**הריני מקבל עלי את מצות הבורה ואהבת לרעך כמוך**

Eu recebo sobre mim o mandamento, de amar o próximo com a ti mesmo.

***Oficiante**: Diz a lenda que quando Moshé e seus seguidores fugiram do Egito, eles se moveram tão rapidamente que o pão que assaram não teve tempo para fermentar. No entanto, os estudiosos notaram que muito antes dos judeus celebrarem o Pêssach, agricultores do Oriente Médio celebravam Chag Ha-matsot, o festival dos pães ázimos, nesta época do ano. Este era um festival onde o pão ázimo era feito da nova safra de grãos que acontecia nesta época do ano. Mais tarde, o povo judeu incorporou esta festa agrícola a celebração da liberdade e renovação que agora chamamos de Pêssach.*

Lavagem das mãos

Tizkor nafshi et k'dushat haguf bintilat yadáyim	תזכר נפשי את קדשת הגוף בנטילת ידים

Lavando as mãos, evoco a santidade do corpo

Toma as duas matsot, parte uma delas por ser lembrança do pão de pobreza, coloca a metade sobre a inteira, levantando-as, e recita:

N'vareykh et ein hachayim hamotzi'ah min ha'aretz.	נברך את עין החיים המוציאה לחם מן הארץ

Abençoemos a fonte da vida
Que faz brotar o pão da terra.

Mergulha a matsá na charôsset, e come, acostado sobre o lado esquerdo.

Oficiante: *Maçãs, nozes, canela e vinho são combinados para fazer este doce condimento. É a cor da argila ou argamassa. Isso nos lembra dos tijolos e argamassa que os israelitas disseram ter feito quando construíram os palácios e cidades dos faraós. Ao mesmo tempo, o sabor do charôsset é doce e nos lembra a doçura da liberdade.*

Maror - A Erva Amarga

A tradição diz que o maror é para nos lembrar do tempo de nossa escravidão. Nós nos forçamos a experimentar a dor para que possamos valorizar mais e prontamente o prazer, assim o maror é o estímulo da vida, lembrando-nos que a luta é melhor do que a aceitação complacente da injustiça.

N'vareykh et Eyn Hahayim matzmihat p'ri haadamá.

Vamos abençoar a Fonte da Vida que
amadurece o fruto da terra.

Toma-se a segunda matsá e a parte no meio, juntando com o pedaço da primeira matsá, fazendo um sanduíche com o maror e a carne que representa o korban de pêssach.[2]

Birkat Hamazon

Nodeh l'ein hachayim
hazanah et hakol.
Al ha'aretz hatovah
v'harchavah nishmor na,
v'hi t'kaimenu, unvakeysh
mazon L'hasbia bo
kol yosh'vei tevel.

נודה לעין החיים הזנה את
הכל, על הארץ הטובה
והרחבה נשמר נא, והיא
תקימנו, ונבקש מזון להשביע
בו כל יושבי תבל

Reconheçamos a fonte da vida, fonte de todo alimento. Que possamos proteger a terra abundante para que ela continue a nos sustentar, e busquemos sustento para todos os que habitam no mundo.

---

2 ***O pedaço que sobra é o afikoman.***

Terceira taça de vinho

***Oficiante**: Durante este festival da vida, é importante que nos lembremos de nossa perda, irmãs e irmãos – os milhões que morreram, sozinhos e sem amigos, as vítimas da Inquisição e do Holocausto. Sua angústia e morte devem estar conosco, mesmo em nossos momentos de festa. Recordamos o heroísmo daqueles que lutaram contra o fascismo, e o nazismo nas florestas e nas cidades da Europa. Homens, mulheres e crianças que amavam a liberdade e a humanidade lutaram com as próprias mãos contra os poderosos exércitos daqueles que procuravam oprimi-los e matá-los.*

***Participantes:** Recordamos o gueto de Varsóvia no alvorecer do primeiro dia de Pêssach, 19 de abril de 1943. Os nazistas estavam chegando para completar a deportação dos judeus remanescentes para a morte nos acampamentos. Um tiro ecoou na Rua Nalevki, sinalizando o início da revolta. Algumas centenas de judeus com algumas armas e granadas decidiu resistir ao tremendo poder do exército alemão e a Gestapo. Os homens e mulheres corajosos da Organização de Combate Judaica resistiu por quarenta e dois dias.*

***Oficiante:** Éramos escravos na Europa fascista. Temos muito o que lembrar. Bebemos o terceiro copo de vinho para aqueles que foram levados de nós e para aqueles que lutaram pela liberdade e pela vida. LECHAIM!!!*

Cantemos:

Ben Adam, alêh lema'aláh
alêh Alêh lema'aláh, alêh ben
Adam Alêh, lema'aláh alêh

Ki coach az lecha
yesh lecha kanfei ruach
yesh lecha kanfei ruach
kanfei nesharim avirim
Al tekachesh bam
pen yakechashu lecha
Drosh otam
Drosh ben Adam
Veyimatzu lecha mi'iad

בֶּן אָ דָ ם, עֲלֵה, לְמַ עְ לָה
עֲלֵה עֲלֵה לְמַ עְ לָה, עֲלֵה
בֶּן אָדָם·
עֲלֵה, לְמַעְלָה עֲלֵה
כִּי כֹּחַ עַז לָךְ
יֵשׁ לָךְ כַּנְפֵי רוּחַ,
יֵשׁ לָךְ כַּנְפֵי רוּחַ,
כַּנְפֵי נְשָׁרִים אַבִּירִים
אַל תְּכַחֵשׁבָם
פֶּן יְכַחֲשׁוּ לָךְ
דְּרוֹשׁ אוֹתָם
דְּרוֹשׁ בֶּן אָדָם
וְיִמָּצְאוּ לָךְ מִיָּד

Ser humano, suba, suba para o alto. Suba para o alto, suba ser humano Suba, suba para o alto.

Pois você tem força Você tem asas de "vento" (espírito) Você tem asas de "vento" (espírito) Asas como que de águias, Não as ignore Para que elas não ignorem você, Demande-as Demande-as, ser humano E elas serão encontradas por ti imediatamente.

Quarta Taça de vinho

***Oficiante**: Este é o cálice de Eliyahu. Segundo a tradição judaica, o Profeta Eliyahu foi um homem corajoso que denunciou a escravidão de sua época. A lenda ensina que ele voltará um dia para levar todos a paz e liberdade. Era costume durante o Sêder de Pêssach abrir a porta da casa para Eliyahu, na esperança de que a era da paz universal pudesse logo estar à mão.*

***Participantes**: Também nós abrimos a porta à paz, sabendo que a tarefa de Eliyahu é realmente nossa. Somente quando tivermos feito um mundo onde nação não levantará espada contra nação, onde a justiça seja universal, e onde cada pessoa seja livre, o antigo sonho de paz será real. Vamos trazer paz e justiça ao mundo!*

Cantemos:

Na'aseh shalom ba-olam. Na' na'aseh shalom aleinu
V'al kol Israel. V'no'mar, no'mar: "Amén".

Na'aseh shalom, na'aseh shalom Shalom aleinu, V'al kol Israel. Na'aseh shalom, na'aseh shalom Shalom aleinu, V'al kol ha-olam.

Façamos a paz no mundo.
A paz é nossa responsabilidade, A responsabilidade de todo o povo judeu, de todo Israel, e a responsabilidade de todos os povos do mundo

Erguer o copo de vinho e diz.

N'vareykh et Eyn Hahayim matzmihat p'ri hagefen.

Vamos abençoar a Fonte da Vida que
amadurece o fruto na videira.

***Oficiante**: A história judaica mostra que a vida está sempre mudando, e nós devemos aprender a sobreviver sob todas as condições. Quando estamos perseguidos, devemos lutar pela nossa própria liberdade. Quando estamos livres, devemos nos juntar à luta para libertar os outros. Esta é a lição do sêder de Pêssach. É por isso que comemoramos a Festa da Liberdade. Concluamos agora a nossa celebração da Vida, da Liberdade e da Paz, levantando-se para cantar nossa canção de esperança: HATIKVAH.*

Todos juntos:

Kol ‘od balévâv pê'nīmá
Nêfêsh Yê'húdī homiyá
Ul'faâtéi miz'rách kádīmá
‘Ayin le'Tziyon tzofiyá
‘Ad lo av'dá ṭikvâténu
Ha'Ṭikvá bat shnot alpayim
Lihiyot ‘am chof'shī bê'artzéinu
Êrêtz Tziyon vi'Yerushálaayim
Lihiyot ‘am chof'shī bê'artzéinu
Êrêtz Tziyon vi'Yerushálaayim

Enquanto no fundo do coração
Palpitar uma alma judaica
E em direção ao Oriente
O olhar voltar-se a Sião
Nossa esperança ainda não está perdida
Esperança de dois mil anos
De ser um povo livre em nossa terra
A terra de Sião e Jerusalém
De ser um povo livre em nossa terra
A terra de Sião e Jerusalém

www.ingramcontent.com/pod-product-compliance
Ingram Content Group UK Ltd.
Pitfield, Milton Keynes, MK11 3LW, UK
UKHW021938190726
13853UKWH00004B/1513

9 786587 878621